Primaria 3

MÚSICA
Acordes

El libro de **MÚSICA** *Acordes* para 3.º de Primaria es una obra colectiva concebida, diseñada y creada en el Departamento de Ediciones Educativas de Santillana Educación, S. L., dirigido por **Teresa Grence Ruiz** y **Maite López-Sáez Rodríguez-Piñero**.

En su realización ha participado el siguiente equipo:

TEXTOS
María Larumbe Martín
Iván Oriola de Santos
Miguel Ángel de la Ossa Rebollo

ILUSTRACIÓN
Inés Burgos
Manu Callejón
Ileana Rovetta

EDICIÓN
Juan José Castro Díaz
Inés Reyes Ferrero
Belén Saiz Noeda
Sabina Sánchez de Enciso Defarge

EDICIÓN EJECUTIVA
Eva Herrero González

DIRECCIÓN DEL PROYECTO
Mercedes Rubio Cordovés

Las actividades de este libro no deben ser realizadas en ningún caso en el propio libro. Las tablas, esquemas y otros recursos que se incluyen son modelos para que el alumnado los traslade a su cuaderno.

SANTILLANA GRAZALEMA

Índice

1 TRIMESTRE

2 TRIMESTRE

3 TRIMESTRE

Pista de audio. **Fragmento audiovisual.**

Las audiciones del alumnado están disponibles en www.santillana.es en la sección de Música de Primaria.

Las indicaciones numéricas hacen referencia al material del profesorado: el primer número se corresponde con el del trimestre, y el segundo, con el de la pista.

1

Notas sin fin

TRIMESTRE

1 Escucha y descubre tu tesitura.

1-2 y 1-3

2 Acompaña la canción.

1-5

estribillo

estrofas

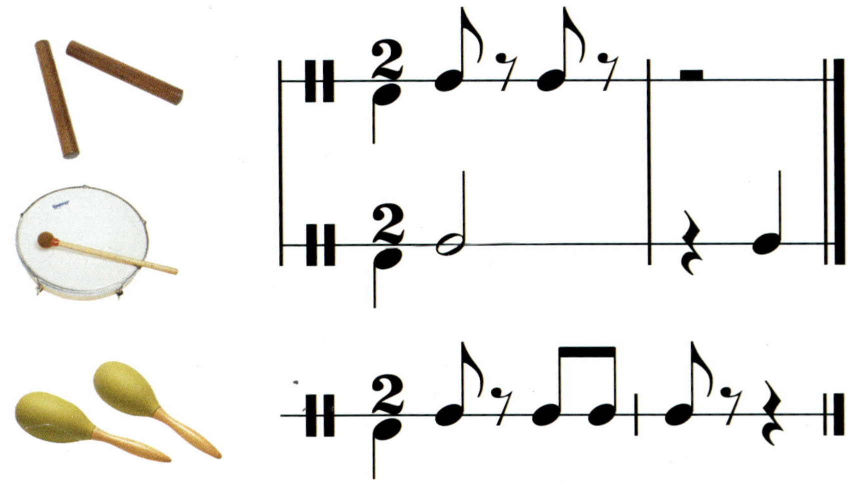

Aprendemos

La **corchea** dura medio tiempo.

El **silencio de corchea** también dura medio tiempo.

3 Interpreta y relaciona. Después, crea tu propia partitura y haz un dibujo que la represente.

1
2
3

A
B
C

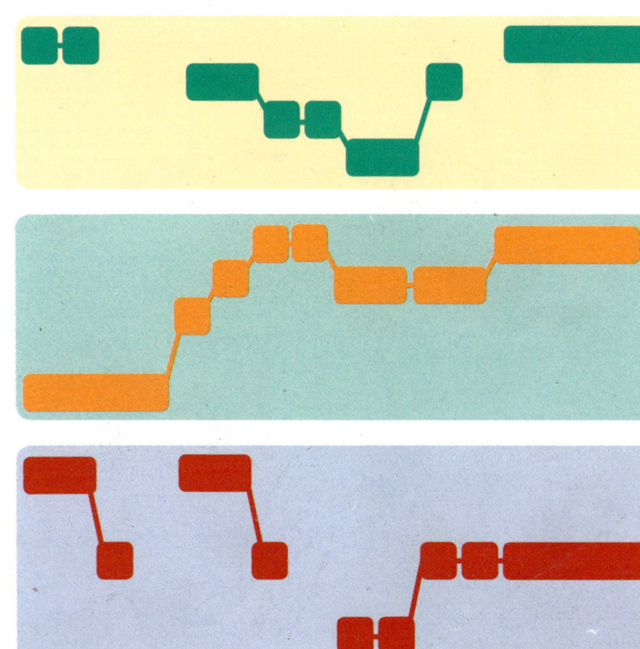

La mañana

1 Sigue la música y escucha los instrumentos protagonistas.

La mañana, Grieg

1-7

Repetir desde el principio.

2 Acompaña la música.

1-7

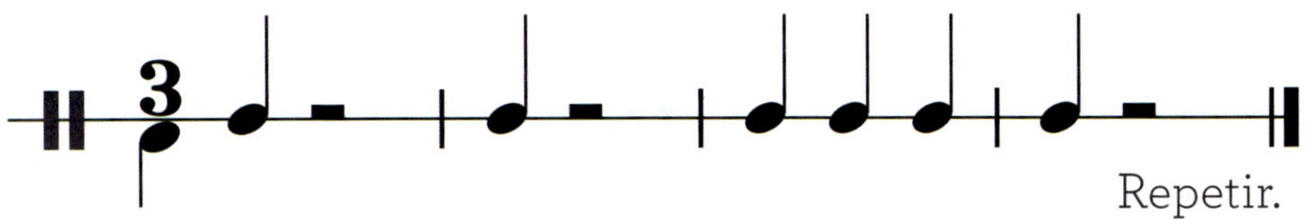

Aprendemos

El **timbre** nos permite reconocer lo que está sonando. Cada voz o instrumento tiene un timbre único.

1-1

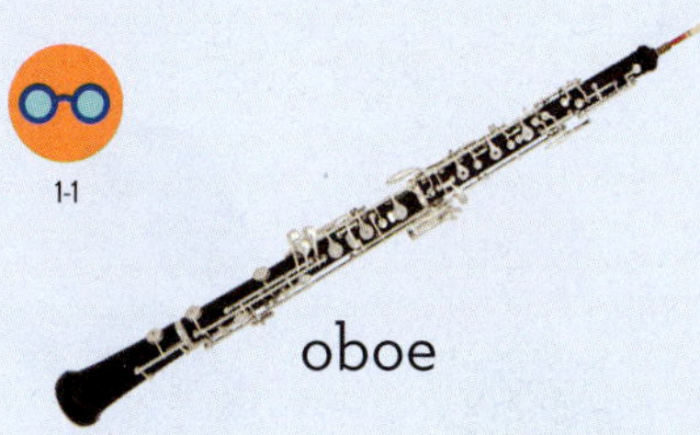

3 ¿Qué emociones te provoca *La mañana*? Escribe o dibuja en tu cuaderno.

1-7

4 ¿Qué sumas están mal? Corrígelas.

El acento en el compás

1 Canta y muévete siguiendo el compás. Después, relaciona.

1-8 y 1-9

2 Marca el pulso de la música como se indica. Después, interpreta los ritmos con percusión corporal.

1-10

1

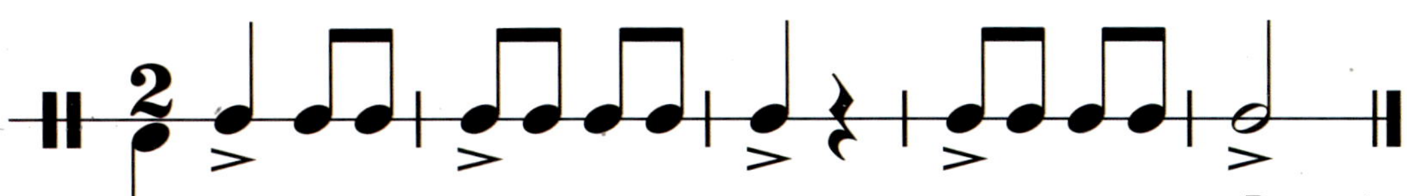

Repetir.

2

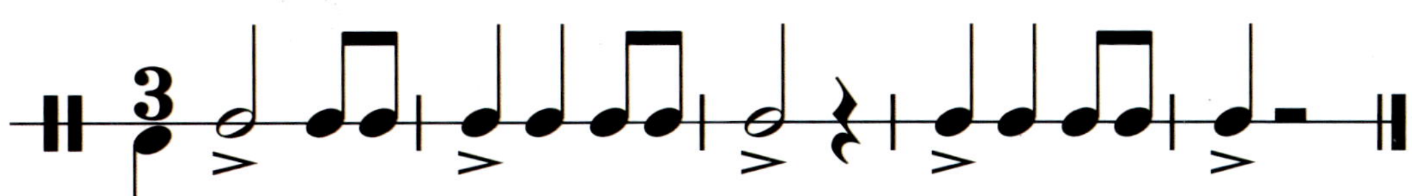

Repetir.

3

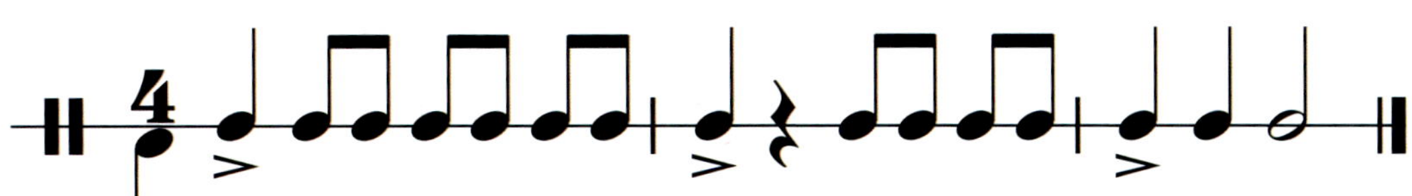

Repetir.

Aprendemos

El primer tiempo de cada compás suena más fuerte que el resto.

Se indica con el **acento** >.

3 Indica en qué orden suenan estos instrumentos de viento.

1-11

oboe	clarinete	trompeta	flauta travesera	fagot

El *twist* del esqueleto

1 Baila.

1-12 y 1-13

1-2

8 pasos de *twist* hacia cada lado

2 veces

2 veces

2 veces

2 veces

2 veces

2 veces

3 veces

¡Cambia de posición y repite el baile!

final

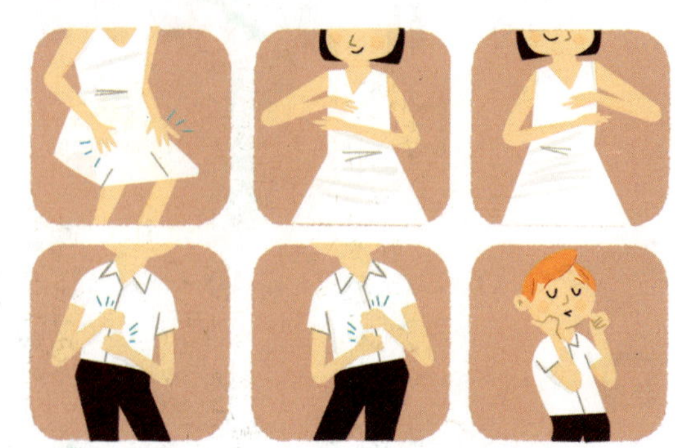

2 Canta y tararea durante la parte de la guitarra eléctrica.

1-12

Mira cómo baila
el esqueleto,
cómo se menea
por completo.

(2 veces)

Si lo quieres aprender,
tu esqueleto has de mover...
¡A este baile
te has de atrever!

Aprendemos

Los **instrumentos electrófonos** utilizan energía eléctrica para sonar.

1-3

guitarra eléctrica

3 Marca el acento con percusión corporal. Después, indica en qué orden suenan.

1-14

En un mercado persa

1 Sigue la historia. Después, represéntala.

1-15 y 1-16

En un mercado persa, Ketèlbey

2 Canta e interpreta con un instrumento de láminas.

1-17 y 1-18

3 ¿Qué color identifica al director y a cada familia de instrumentos?

4 ¿Cuál de las dos guitarras es eléctrica?

1-19

Aprendemos

En la **orquesta** hay instrumentos de cuerda, de viento y de percusión, además de un director o directora. ¡Pueden tocar en ella más de cien músicos!

Simama kaa

1 Interpreta.

1-20 y 1-21

1-4

solo percusión corporal (2 veces)

A	Simama	kaa,	simama	kaa.	Ruka, ruka,	ruka,	sima - ma	kaa.
	Simama	kaa,	simama	kaa.	Ruka, ruka,	ruka,	sima - ma	kaa.
B	Tembea	kimbia,	tembea	kimbia.	Ruka, ruka,	ruka,	sima - ma	kaa.
	Tembea	kimbia,	tembea	kimbia.	Ruka, ruka,	ruka,	sima - ma	kaa.

¡Todo se interpreta 3 veces con cambios de velocidad!

2 Contesta.

1-20

adagio *andante* *allegro* *accelerando* *ritardando*

- ¿Cuál es la velocidad la primera vez que suena la canción? ¿Y las siguientes veces?
- ¿Qué cambios de velocidad se producen cada vez que se repite la canción?
- ¿Qué cambio de velocidad se produce al final?

3 Interpreta. Después, escribe de nuevo sin usar signos de repetición.

1

2

3

Aprendemos

Los **signos de repetición** ahorran espacio en las partituras.

- Para repetir desde el principio se usa la **doble barra con dos puntos**.

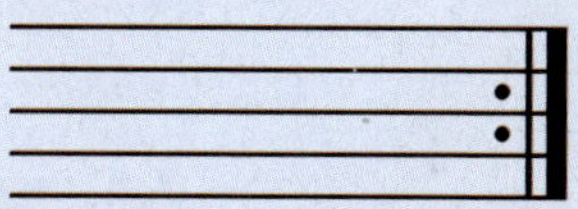

- Para repetir una parte se usa la **doble barra con dos puntos al principio y al final** de lo que se repite.

Una pandereta suena

1 Interpreta. Después, indica cuándo canta el coro y cuándo lo hace el solista.

1-22 y 1-23

Una pandereta suena,
una pandereta suena,
yo no sé por dónde irá.

Sal mirandillo arandandillo.
Sal mirandillo arandandán.
Cabo de guardia alerta está.

No me despiertes al niño,
no me despiertes al niño,
que ahora mismo se durmió.

Sal mirandillo...

Que lo durmió una zagala,
que lo durmió una zagala,
como los rayos del sol.

Sal mirandillo...

2 Acompaña el estribillo.

1-22

3 Indica qué son y en qué orden suenan.

1-24

Aprendemos

Un **coro** es un grupo de personas que cantan juntas.

Un **solista** es alguien que canta solo.

Las voces infantiles también se llaman **voces blancas**.

4 Escribe de nuevo usando signos de repetición.

Verdiales

1 Contesta.

1-25

- ¿Hay algún cantante solista? ¿Qué tipo de voz tiene?
- ¿Qué instrumentos suenan? ¿A qué familia pertenece cada uno?
- ¿Cómo se llama el elemento musical que te permite reconocer lo que está sonando?

2 Acompaña.

1-25

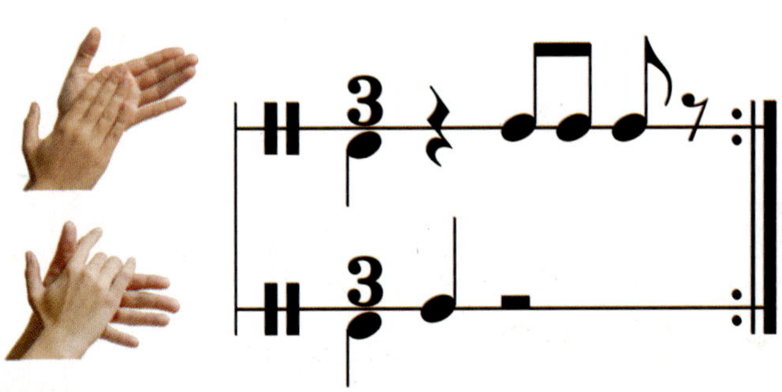

3 Indica qué elementos tiene el traje de verdiales que lleva cada uno.

fajín rojo pañoleta blanca pantalón negro
alpargatas con cintas de colores flores en el pelo
sombrero con flores, cintas y perlas
falda con volante alpargatas negras

4 Indica en qué orden suenan.

1-26

sevillanas

verdiales

fandango

Aprendemos

Los **verdiales** son un cante rápido, alegre y muy bailable. Están en compás de tres tiempos y tienen un ritmo típico de la cultura popular de Málaga.

Los verdiales son interpretados por agrupaciones conocidas como pandas de verdiales, formadas por violines, guitarras, castañuelas, crótalos y el pandero de verdiales.

El pandero de verdiales es grande y tiene muchas sonajas.

Recordamos

1 Escucha y di cuál es la última nota de cada serie. Después, resuelve la prueba en tu cuaderno.

1-27

Pruebas

1. ¿Qué instrumento suena? ¿Toca series de notas ascendentes o descendentes?

2. ¿Qué instrumento suena? ¿Cómo se llaman los instrumentos que utilizan energía eléctrica para sonar?

3. ¿Qué instrumento suena? Completa el ritmo que ha interpretado.

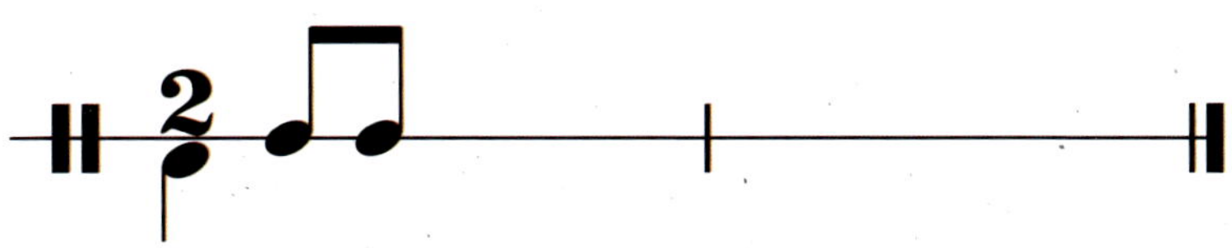

4. ¿Qué instrumentos suenan? ¿Qué cambia entre un sonido y otro?

5. ¿Qué instrumento suena? Escribe de nuevo la partitura sin usar signos de repetición.

6. ¿Qué tipo de voz suena? Completa con figuras de negra.

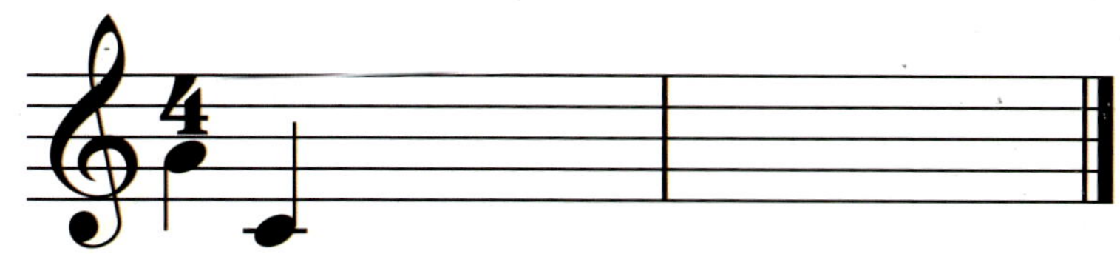

7. ¿Qué instrumento suena? Copia y añade acentos donde corresponda.

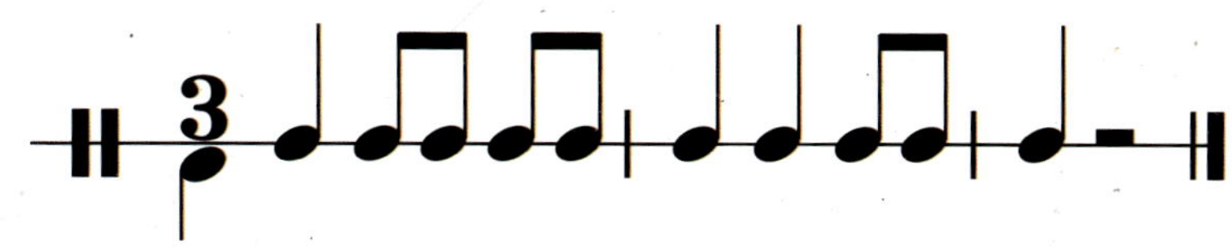

8. ¿Cómo se llama una persona que canta sola? Escribe el silencio que dura medio tiempo.

9. ¿Cómo se llama la agrupación que está formada por instrumentos de viento, de cuerda y de percusión? ¿Quién la dirige?

10. ¿Qué figura tiene cabeza, plica y corchete? ¿Cuánto dura?

2 Juan Sin Ritmo

TRIMESTRE

1 Escucha e interpreta.

2-1 y 2-2

2 Indica la altura y la duración de cada nota.

1 

2 

3 

4 

5 

3 Interpreta. ¿Cuál es un ritmo y cuál una melodía? ¿Por qué?

1 

2 

Aprendemos

Un **ritmo** es una serie de sonidos con una duración determinada.

Una **melodía** es una serie de sonidos con una altura y una duración determinadas.

4 Indica en qué orden suenan. ¿Para qué sirve la música en cada caso?

2-3

Supercalifragilístico

1 Observa la escena y contesta. Después, sigue las indicaciones.

2-4 y 2-5

2-1

- ¿Qué instrumentos reconoces en la escena? ¿A qué familia pertenecen?
- ¿Qué ocurre con la velocidad de la música?
- ¿Qué crees que significa «supercalifragilisticoespialidoso»?
- ¿Puede la música ayudarnos a expresar lo que sentimos?

1. Canta cerrando la boca todo lo posible.
2. Canta pronunciando exageradamente.
3. Canta sujetando un lápiz entre los dientes.
4. Canta susurrando.

2 Interpreta el principio de la canción de diversas maneras.

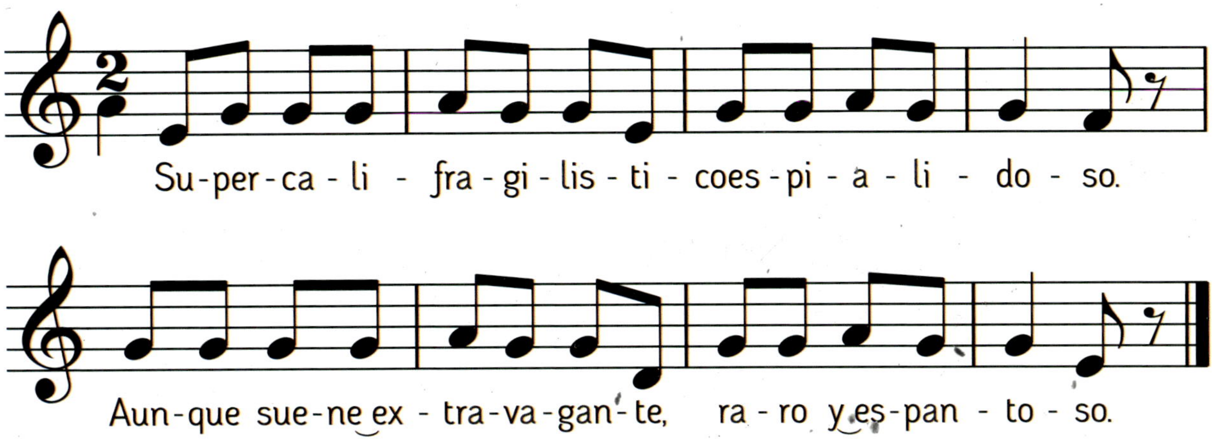

1. Tarareando.
2. Cantando la letra.
3. Cantando con el nombre de las notas.
4. En un instrumento de láminas.

Aprendemos

Al cantar, debemos **controlar la respiración**, aprovechando las pausas musicales para coger aire. También es importante **articular** bien para que las palabras se entiendan claramente.

3 ¿A quién corresponde cada elemento?

nota musical

figura musical

Samba de redonda

1 Canta y acompaña con percusión corporal.

2-6 y 2-7

Aprendemos

La **redonda** es la figura musical más larga. Dura cuatro tiempos.

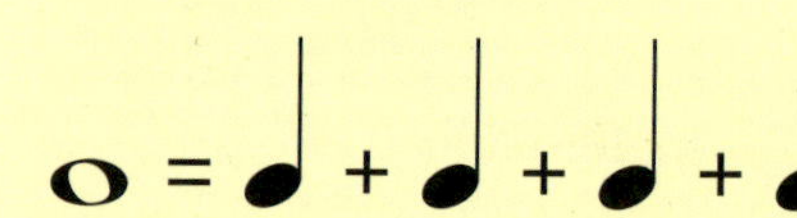

Su silencio se escribe bajo la cuarta línea del pentagrama.

2 Copia y completa esta tabla de equivalencias.

Nombre	Figuras	Silencios
	𝅝	
	𝅗𝅥 𝅗𝅥	
negra		
		𝄾 𝄾 𝄾 𝄾 𝄾 𝄾 𝄾 𝄾

3 Convierte el código secreto en un ritmo en compás de cuatro tiempos.

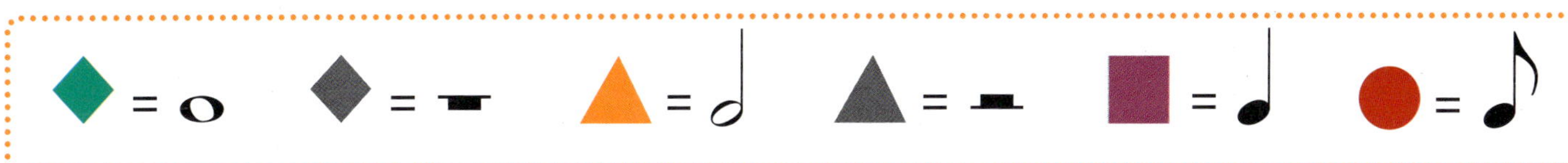

Papageno y Papagena

1 Dramatiza este dúo y graba en vídeo la representación.

2-8

2-2

Pa, pa, pa...
Pa, pa, pa...

¡Sí! Te veo a lo lejos.
¡Sí! Te veo a lo lejos.

¡Por fin nos encontramos!
¡Por fin nos encontramos!

¡Qué alegría para mí!
¡Qué alegría para mí!

¿Quieres ser tú mi amor, mi esposa?
Quiero ser yo tu amor, tu esposa.

Viviremos muy felices
y nuestro amor, sí, crecerá...

Y nacerá un Papageno.
Y luego una Papagena.

¿Tendremos sitio para todos ellos?
Tendremos sitio, ¡por supuesto!

Un sitio para Papagena...
Un sitio para Papageno...

¡Y pronto estarán aquí!

2 Observa esta escena. Después, investiga y contesta.

2-3

- ¿A qué ópera pertenece esta pieza musical?
- ¿Quién es su compositor? ¿Qué otras óperas escribió?

3 ¿Qué tipo de voz interpreta cada fragmento?

2-9

Aprendemos

Una **ópera** es una obra teatral interpretada por cantantes y una orquesta.

Las **voces** de los cantantes se clasifican según las notas que pueden interpretar.

	masculina	femenina
grave	bajo	contralto
aguda	tenor	soprano

4 Interpreta rítmicamente el final del dúo articulando con precisión.

2-10

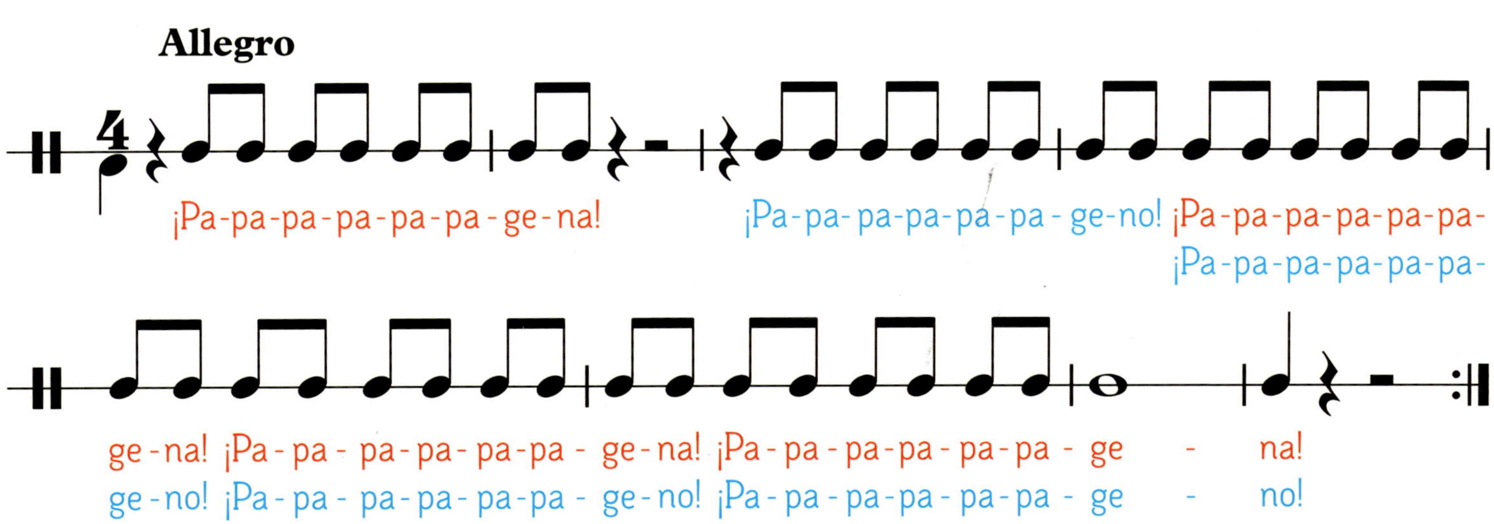

Danza de los siete saltos

1 Baila añadiendo un paso cada vez.

2-11

2-4

8 pasos en círculo.

3 palmadas.

2 pasos hacia delante.

3 palmadas.

2 pasos hacia atrás.

1

Rodilla derecha arriba.

2

Rodilla izquierda arriba.

3

Pierna derecha hacia delante.

4

Pierna izquierda hacia delante.

5

Pierna derecha hacia atrás.

6

Pierna izquierda hacia atrás.

7

¡Inventa este paso!

2 Escucha de nuevo y contesta.

2-11

- ¿Cuántas veces se repite la melodía?
- ¿Qué instrumento la interpreta cada vez?

3 Interpreta. Después, indica en qué orden suenan.

2-12

A

B

C

D

4 Indica en qué orden suenan estas voces.

2-13

bajo | tenor | contralto | soprano

Aprendemos

La **trompeta**, el **trombón**, la **trompa** y la **tuba** son instrumentos de viento. Todos están hechos de metal y su sonido se produce al vibrar los labios en la boquilla.

2-5

trompeta

2-6
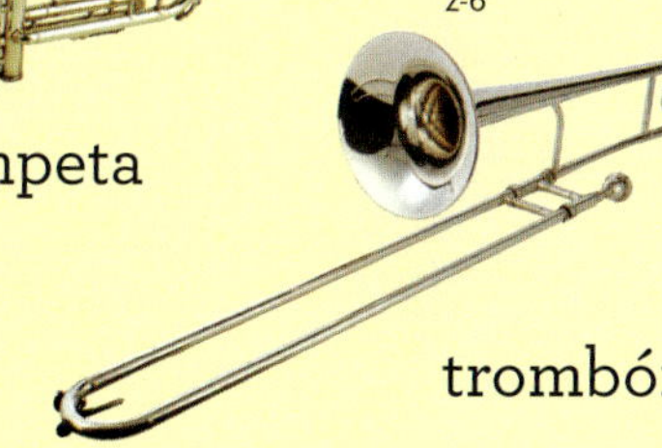
trombón

2-7
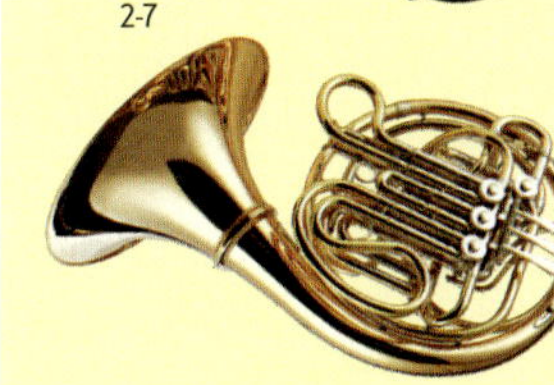
trompa

2-8

tuba

Oh, when the saints

1 Identifica los instrumentos que interpretan la melodía.

2-14

2 Interpreta y contesta. Después, inventa una letra.

- ¿En qué tipo de compás está escrita la melodía?
- ¿Cuántos compases tiene la partitura?
- ¿Qué figura llena todo un compás de este tipo?
- ¿Cuántas negras completan un compás de este tipo?

Aprendemos

Una **banda** es una agrupación musical formada normalmente por instrumentos de viento y percusión. Suele tocar en desfiles y fiestas populares.

3 ¿Cómo se llaman estos instrumentos? ¿En qué orden suenan? ¿Qué tienen en común?

2-15

Don Pepito, el verdulero

1 Interpreta con cambios de tempo.

2-16 y 2-17

2-9

Don Pepito, el verdulero, se cayó en un sombrero.

El sombrero era de paja, se cayó en una caja.

La caja era de cartón, se cayó en un cajón.

El cajón era de pino, se cayó en un pepino.

El pepino maduró y don Pepito se salvó.

2 Indica la velocidad y quién interpreta cada pieza.

2-18

adagio · *andante* · *allegro* · *accelerando* · *ritardando*

Aprendemos

En música, se utiliza la palabra **tempo** para hablar de velocidad.

Adagio, *andante* o *allegro* son tempos diferentes. También puede haber cambios graduales de velocidad, como los *accelerandos* y los *ritardandos*.

3 Completa estas partituras en tu cuaderno e interprétalas. ¿Qué instrumento has utilizado en cada caso? ¿Por qué?

1

2

4 Interpreta y adivina.

Tres morillas

1 Sigue la melodía y canta.

2-19 y 2-20

Tres mo - ri - llas me e - na - mo - ran en Ja - én: Ai - xa, Fá - ti - ma y Ma - rién.

Tres mo - ri - llas, tan ga - rri_____ - das, i - ban a co - ger o - li_____ - vas
Y ha - llá - ban - las co - gi_____ - das, y tor - na - ban des - va - li_____ - das
Tres mo - ri - llas, tan lo - za_____ - nas, tres mo - ri - llas, tan lo - za_____ - nas

y ha - llá - ban - las co - gi - das en Ja - én: Ai - xa, Fá - ti - ma y Ma - rién.
y las co - lo - res per - di - das en Ja - én: Ai - xa, Fá - ti - ma y Ma - rién.
i - ban a co - ger man - za - nas a Ja - én: Ai - xa, Fá - ti - ma y Ma - rién.

2 Ordena e interpreta estos compases de *Tres morillas*. Después, contesta.

A
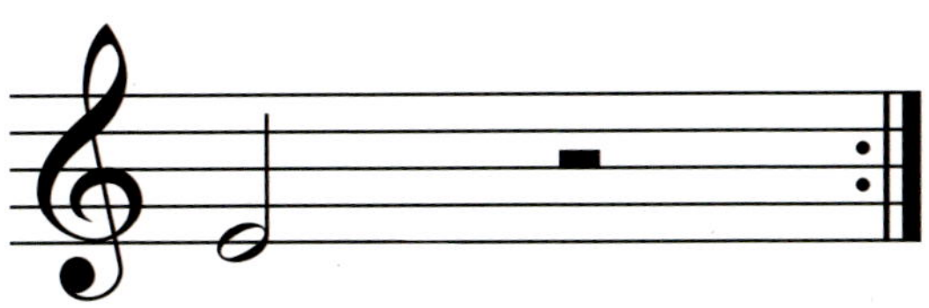

B
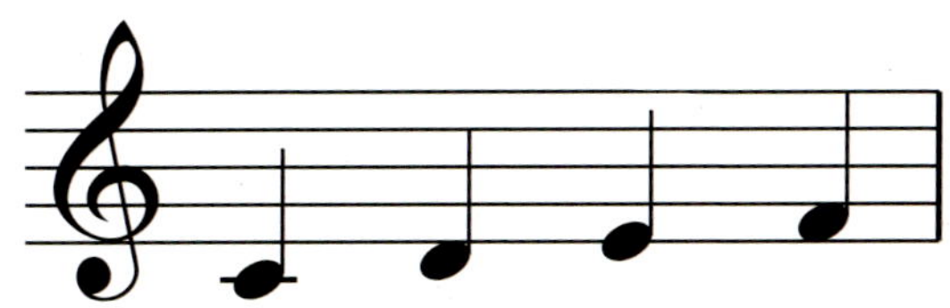

C

- ¿En qué tipo de compás está escrita la melodía?
- ¿Qué notas musicales aparecen? ¿Y qué figuras?
- ¿Hay algún signo de repetición en la partitura?

3 Escucha y completa los ritmos en tu cuaderno.

2-21

1
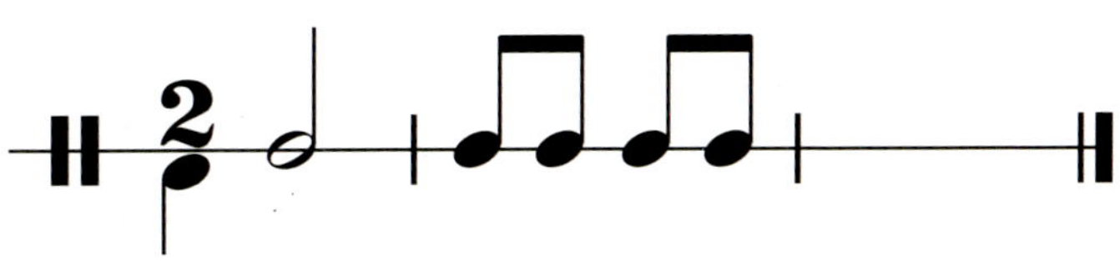

2

3
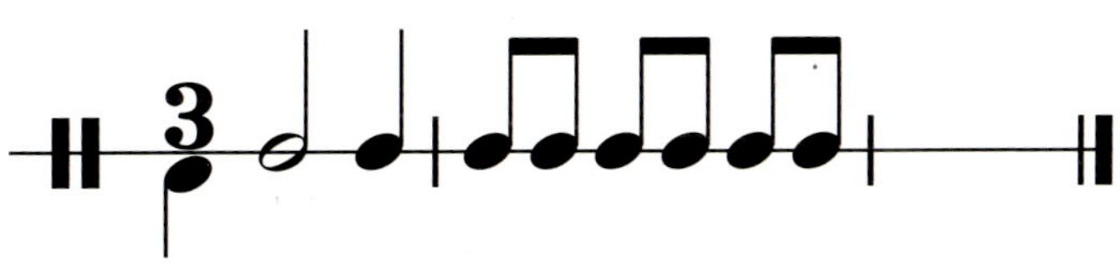

4
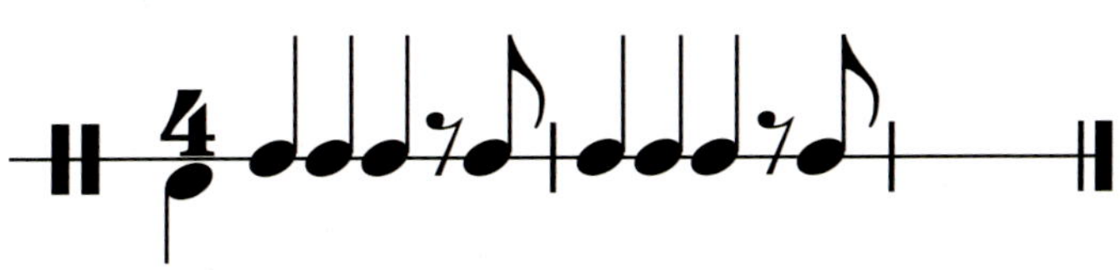

Aprendemos

La **flauta de dos o tres agujeros** y el **tamboril** son dos instrumentos populares que se suelen tocar a la vez.

2-10

Cajoneando

1 Compara estas dos voces.

2-22

Enrique Morente fue un destacado cantaor granadino. Dedicó toda su vida al flamenco y fue uno de sus grandes renovadores, fusionando el flamenco con otros tipos de música, como el rock y el jazz.

Estrella Morente es una cantaora granadina, hija de Enrique Morente y de la bailaora Aurora Carbonell. Comparte desde pequeña con su familia la pasión por el flamenco. Ha recibido numerosos premios y reconocimientos nacionales e internacionales.

2 Identifica las características de los tipos de voz que hay en el flamenco.

2-23

1 laína 2 natural 3 fácil 4 rasgada

3 Indica en qué orden suenan.

2-24

orquesta solista coro

Aprendemos

Los cantaores y cantaoras flamencos tienen distintos **tipos de voz**:

- Laína: es aguda, fina y vibrante.
- Natural: sale del pecho sin ningún esfuerzo.
- Fácil: es ágil (pasa fácilmente de las notas graves a las agudas).
- Rasgada: es ronca o gastada.

4 Escucha el sonido del cajón peruano y del cajón flamenco.

2-25

5 Acompaña.

2-26

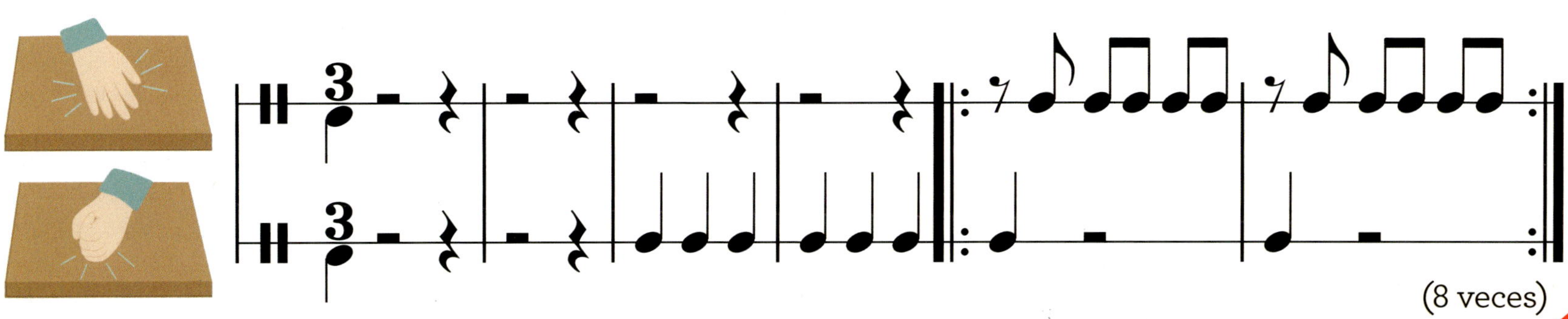

Recordamos

1 Sigue la música e identifica en qué número de compás se para. Después, supera la prueba correspondiente.

2-27

Su -per-ca - li - fra - gi - lis - ti -coes-pi - a - li - do - so. Aun-que sue-ne extrava-gan-te, ra -ro y es-pan - to - so.

Si lo di - ce con sol- tu - ra, so-na- rá armo-nio - so. Su-per- ca - li - fra - gi - lis - ti-coes-pi - a - li - do - so.

Pruebas

1. Explica la diferencia entre ritmo y melodía.
2. Crea dos ritmos distintos en compás de dos tiempos combinando estos tres grupos de figuras. Después, interprétalos.

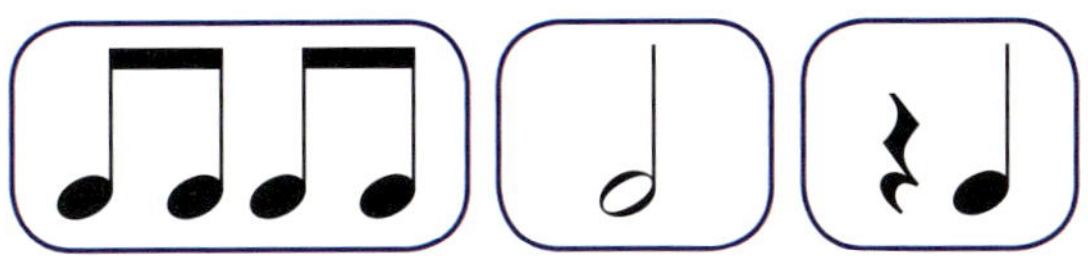

3. ¿Cuántas notas musicales diferentes conoces? Escribe su nombre y su posición en el pentagrama.
4. Crea una melodía a partir de este ritmo.

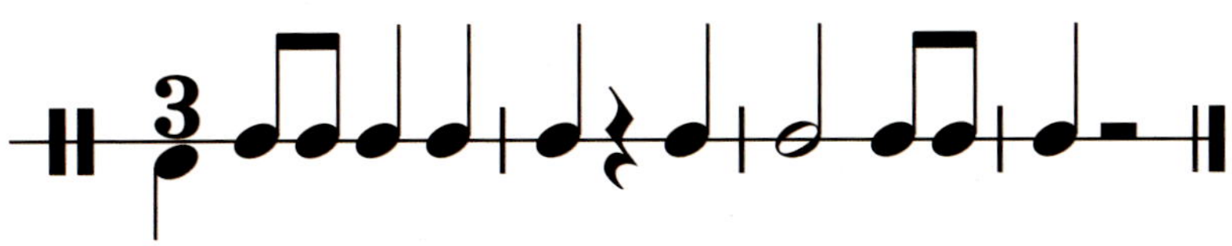

5. Explica qué es articular y pon un ejemplo.
6. Recita *Don Pepito, el verdulero* con un lápiz entre los dientes. No se puede caer y debe entenderse bien la letra.
7. ¿Para qué se usa la palabra *tempo* en música? ¿Qué tempos conoces?
8. Canta *Supercalifragilisticoespialidoso* con un *ritardando* y un *accelerando*.
9. Tararea *Oh, when the saints* en tempo *adagio* marcando el pulso con palmadas.
10. Ordena los cuatro tipos de voz empezando por el más grave y finalizando con el más agudo.
11. Explica qué es la ópera.
12. Di el nombre de un instrumento popular de viento y otro de percusión que suelan tocarse a la vez. ¿Con cuál de ellos puedes interpretar melodías? ¿Y con cuál solo ritmos?
13. ¿Cuántas blancas caben en un compás de tres tiempos? ¿Con qué otras figuras podrías completar este compás?
14. Di el nombre de cuatro instrumentos de viento que estén hechos de metal.
15. Escribe esta serie con los silencios equivalentes.

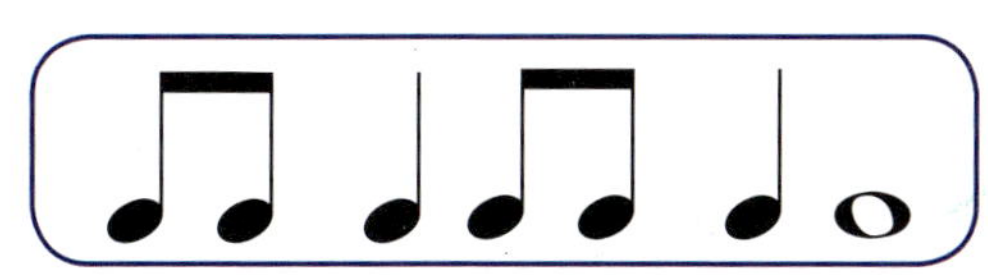

16. ¿Qué familia de instrumentos no suele formar parte de una banda? Di el nombre de cinco instrumentos que participen en este tipo de agrupación.

3

Dos colegios muy diferentes

TRIMESTRE

1 Escucha y reflexiona.

3-1 y 3-2

2 Imita a los alumnos y alumnas del colegio Buenavista.

1. Cuando suene el triángulo, cierra los ojos y, si lo deseas, recuéstate sobre la mesa.

2. Guarda silencio hasta que vuelvas a escuchar el sonido del triángulo.
3. Contesta:
   - ¿Cómo te has sentido mientras guardabas silencio? ¿Y después?
   - ¿Has notado algún cambio en tu respiración? ¿Te sientes más relajado?
   - ¿Qué sonidos te han llamado la atención mientras realizabas la actividad?

Aprendemos

El **silencio** facilita la memoria, el aprendizaje y, en general, tiene efectos muy positivos sobre nosotros y nuestro entorno.

Hace mucho tiempo, un sabio llamado Pitágoras dijo: «Escucha: serás sabio. El comienzo de la sabiduría es el silencio».

3 ¿Qué más se te ocurre para reducir el ruido en tu colegio? En grupos de cuatro, debatid vuestras propuestas y elaborad un listado con las mismas.

4 Crea un rap sobre la importancia del silencio a partir de este ritmo. Después, interprétalo.

3-3

Eram, sam, sam

1 Canta al unísono y acompaña con percusión corporal.

3-4 y 3-5

3-1

E - ram, sam, sam, e - ram, sam, sam,

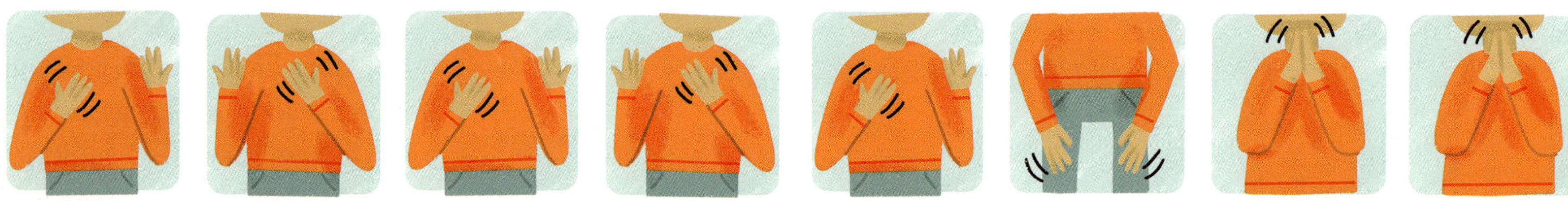

guli, guli, guli, guli, guli, e - ram, sam, sam.

2 veces

A - ra - a - bit, a - ra - a - bit,

guli, guli, guli, guli, guli, e - ram, sam, sam.

2 veces

2 Canta en canon. Después, contesta.

3-6 y 3-7

Grupo 1 Eram, sam, sam... Arabit...

↓

Grupo 2 Eram, sam, sam...

- ¿Qué grupo termina antes?
- ¿Qué es lo que te parece más difícil de cantar en canon?

3 Ordena de más a menos ruidoso.

3-8

4 Graba varios paisajes sonoros, dentro y fuera de tu colegio, y ordénalos de más a menos ruidosos.

Aprendemos

El **unísono** se produce cuando todos interpretan lo mismo y a la vez.

En el **canon**, todos interpretan lo mismo, pero empezando en momentos diferentes.

Cambiando la intensidad

1 Canta.

3-9 y 3-10

2 Crea esta partitura con el editor de partituras de Santillana.

- Selecciona la **clave de sol** y sitúala al principio del pentagrama. Haz lo mismo con el **indicador de compás**.
- Arrastra las **figuras** y **silencios** del teclado a su altura correspondiente en el pentagrama.
- Separa los compases mediante **barras de compás** y termina incluyendo el **signo de repetición**.
- Añade al comienzo el tempo de interpretación e incluye también el matiz de **intensidad**.
- Si necesitas **borrar**, pulsa el elemento deseado y haz clic en ⌫.

Aprendemos

La **intensidad** de la música se expresa con matices:

- ***p*** (*piano*) para suave.
- ***mp*** (*mezzopiano*) para medio suave.
- ***mf*** (*mezzoforte*) para medio fuerte.
- ***f*** (*forte*) para fuerte.

Todos ellos se escriben bajo el pentagrama.

3 Interpreta la partitura que acabas de crear. ¿Conoces la melodía?

4 Indica cuándo cantan en canon y cuándo al unísono. Haz un esquema representando lo que suena en cada momento.

3-11

unísono 

canon 

Pedro y el lobo

1 Descubre a algunos de los personajes de este cuento musical. Después, relaciona cada fragmento con una escena.

3-12 y 3-13

Pedro y el lobo, Prokófiev

Pedro

el lobo

el pájaro

el pato

el gato

2 Escucha otro fragmento de *Pedro y el lobo* e imagina qué sucede en esta escena. Después, descríbela o dibújala en tu cuaderno.

3-14

3 Observa y contesta.

3-2

- ¿Se corresponden las imágenes con lo que describe la música?
- ¿Aparecen los personajes cuando suenan los instrumentos que los representan?

4 Interpreta empezando de forma escalonada cada cuatro compases.

3-15

1

2

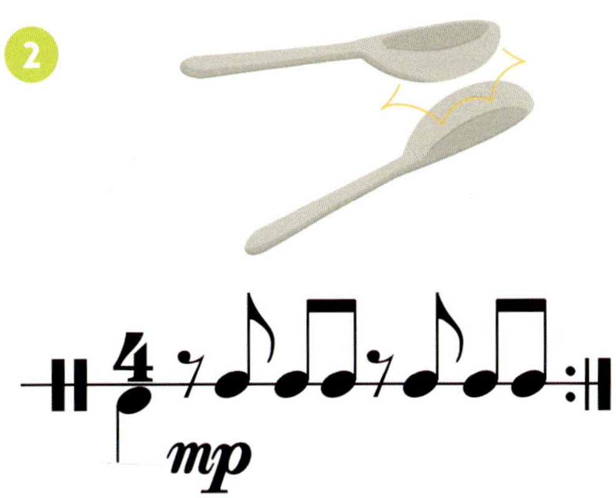

3

4

Aprendemos

3-3

viola

3-4

contrabajo

El **violín**, la **viola**, el **violonchelo** y el **contrabajo** son instrumentos de cuerda con un papel fundamental en la orquesta.

El intérprete

1 Canta e identifica cada agrupación.

3-16 y 3-17

Si solo hay niñas y niños,
voces blancas sonarán.
Y si el coro es mixto,
adultos escucharás.

A mí me gusta la música
y me entusiasma cantar.
Yo soy solista en un coro:
lala, lala, lalalá.

Oboes, flautas, violines,
violonchelos y el trombón
se disponen ordenados.
Detrás va la percusión.

A mí me gusta la música
y me entusiasma tocar.
En una orquesta sinfónica:
ñigu, ñigu, ñiguñá.

Al aire libre, la banda
caminando toca al son,
con todos sus instrumentos
de viento y percusión.

A mí me gusta **la música**
y me encanta interpretar.
Con mi trompeta en la banda:
paparaba, papapá.

2 Construye este instrumento.

Materiales

- Dos platos de papel.
- Rotuladores.
- Un puñado de arroz.
- Una taladradora de papel.
- Cinta adhesiva ancha.
- Cintas de colores.
- Varios cascabeles.

Aprendemos

Los intérpretes pueden actuar como **solistas** o juntarse con otros para formar distintas **agrupaciones**, como la banda, el coro y la orquesta.

1

Decora la parte exterior de los platos con rotuladores.

2

Pon un poco de arroz en uno de los platos y cúbrelo con el otro.

3

Únelos con cinta adhesiva para que no se escape el arroz.

4

Haz varios agujeros en el borde de los platos.

5

Ata un cascabel en cada agujero con las cintas de colores.

3 ¿A qué familia pertenece el instrumento que has creado? ¿De cuántas maneras puedes tocarlo?

4 Inventa un ritmo de cuatro compases en compás de cuatro tiempos. Después, acompaña la canción con el instrumento que has construido.

3-16

Vals de las flores

1 Baila libremente mientras suena el solo del arpa y luego sigue estos pasos. Después, graba el resultado en vídeo.

3-18

3-5

Caminar hasta formar un círculo.

A

Dar 4 pasos hacia dentro del círculo y otros 4 hacia fuera.

Mover los brazos a un lado y a otro.

Dar una vuelta.

2 veces

B

Dar 3 zancadas hacia la derecha.

Palmada.

4 veces

Dar 3 zancadas hacia la izquierda.

Palmada.

4 veces

Repetir A y B.

2 ¿Qué relación guardan con el *Vals de las flores*? Investiga y explica.

compás de tres tiempos

arpa

Chaikovski

orquesta

El cascanueces

Aprendemos

3-6

arpa

3 Interpreta primero al unísono y luego en canon.

3-19

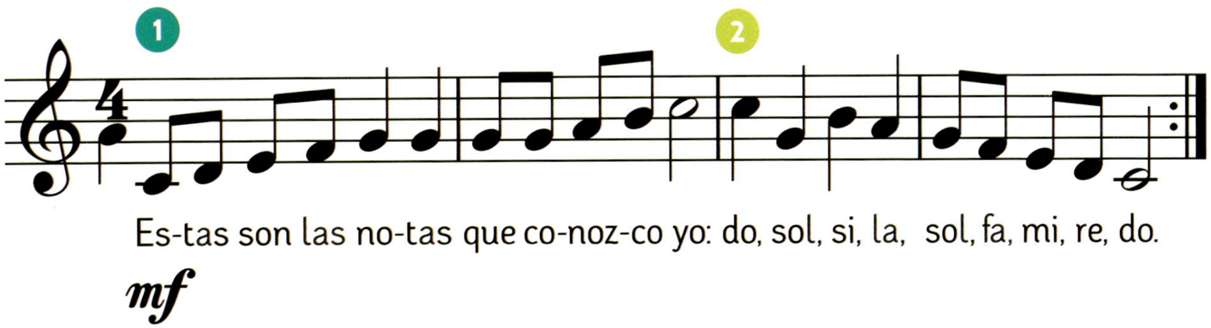

4 Indica en qué orden suenan. ¿A qué familia pertenece cada instrumento?

3-20

Yabadabadú

1 Interpreta. Después, contesta.

3-21 y 3-22

- ¿En qué tipo de compás está escrita esta pieza? ¿Cuántos compases tiene en total?
- ¿Qué notas, figuras y silencios aparecen?
- ¿Hay algún signo de repetición?
- ¿Cuál es la velocidad de la música?

2 Acompaña el principio de *Los Picapiedra* con un instrumento de percusión. Después, crea un ritmo para acompañar el resto de la canción.

3-21

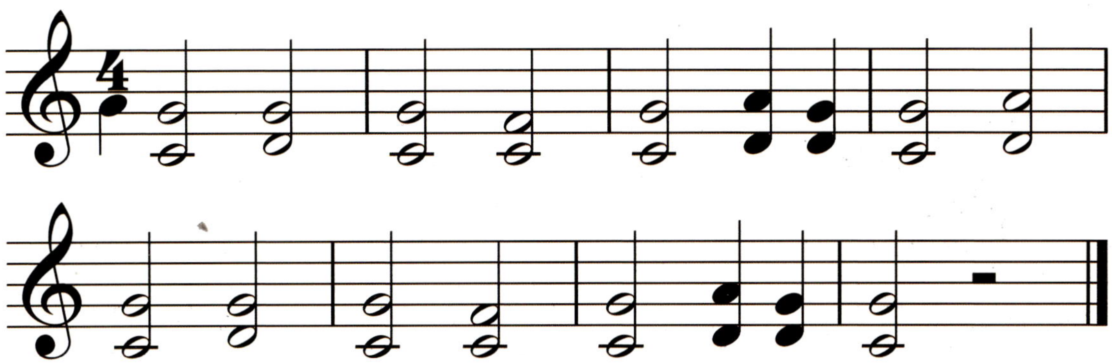

3 ¿Qué instrumento de percusión has usado para interpretar la partitura anterior? ¿Por qué?

4 Indica en qué orden suenan estos instrumentos. ¿Son de altura determinada o indeterminada?

3-23

Aprendemos

Los instrumentos de percusión pueden ser:

- **De altura determinada**, si con ellos podemos interpretar notas musicales y, por tanto, melodías. Por ejemplo: el carillón o el xilófono.
- **De altura indeterminada**, si con ellos solo podemos interpretar ritmos. Por ejemplo: el triángulo, los cascabeles o el pandero.

Sinfonía del Nuevo Mundo

1 Sigue el musicograma y complétalo en tu cuaderno.

3-24

2 Investiga y completa en tu cuaderno.

____ es el compositor de la obra que acabas de escuchar, llamada *Sinfonía del Nuevo Mundo*. La escribió en el año ____, durante el tiempo que vivió en ____.

Aprendemos

Un **musicograma** es un dibujo en el que se representan elementos de la música, como el timbre, la altura, la duración y la intensidad, entre otros.

3 Completa la partitura en tu cuaderno siguiendo las indicaciones. Después, interprétala con un instrumento de percusión de altura determinada.

pregunta

respuesta

- De cuatro compases de dos tiempos.
- Con un ritmo parecido a la pregunta.
- Terminando en la nota do grave o do agudo.

eco

- Repitiendo la pregunta.

4 Crea una letra para la melodía de la actividad anterior e interprétala.

Danzas fantásticas

1 Baila.

3-25

Cruza la pierna derecha por delante de la izquierda y lleva el brazo izquierdo al centro.

Extiende la pierna izquierda y estira el brazo izquierdo hacia la derecha.

Repetir hacia el lado izquierdo.

2 Acompaña de las dos maneras.

3-26

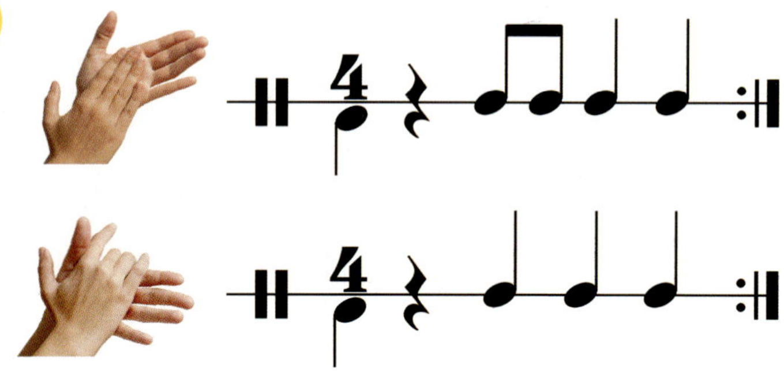

Aprendemos

La **rumba** es un palo flamenco que surgió de la mezcla de la música cubana con el flamenco. Está en compás de cuatro tiempos y es un tipo de música alegre y muy rápida. El ritmo básico suele incluir un silencio en el primer tiempo del compás.

3 ¿Qué suena en cada caso? Contesta.

3-27

Danzas fantásticas, Joaquín Turina

A

B

- ¿Qué versión te gusta más? ¿Por qué?
- ¿Qué familias de instrumentos identificas en la versión para orquesta?

Joaquín Turina nació en Sevilla y es uno de los compositores españoles más importantes del siglo XX. Muchas de sus obras se inspiran en los paisajes y las costumbres de su Andalucía natal.

Las *Danzas fantásticas* son una de sus piezas más conocidas. La compuso primero para piano y, más tarde, para orquesta.

Recordamos

1 Identifica los sonidos y resuelve las pruebas en tu cuaderno.

3-28

Pruebas

1 Di el nombre de seis instrumentos de cuerda.

2 Explica qué es un canon.

3 Canta la primera parte de *Eram, sam, sam* y acompaña la canción con las percusiones corporales que has aprendido.

4 ¿Quién compuso la *Sinfonía del Nuevo Mundo*?

5 ¿Qué palabra y matiz se usan para indicar que la intensidad es medio suave? ¿Y para indicar que es fuerte?

6 Nombra a los personajes de *Pedro y el lobo* y di cuáles son los instrumentos que los representan musicalmente.

7 Interpreta el estribillo y las dos primeras estrofas de la canción *Cambiando la intensidad*.

8 ¿Quién compuso el *Vals de las flores*? ¿Con qué instrumento comienza la pieza?

9 Di el nombre de dos instrumentos de altura determinada y dos de altura indeterminada. ¿A qué familia pertenecen?

10 Explica qué es unísono.

11 Interpreta la primera estrofa de la canción *El intérprete*.

12 Explica qué es un musicograma y qué elementos de la música se suelen representar en él.

13 Enumera algunos beneficios del silencio.

14 ¿Qué palabra y matiz se usan para indicar que la intensidad es medio fuerte? ¿Y para indicar que es suave?

15 Nombra tres agrupaciones musicales que conozcas. ¿Hay alguna en la que no haya instrumentos?

Método de flauta

Índice

Nico y su flauta de pico

1 Descubre tu flauta de pico.

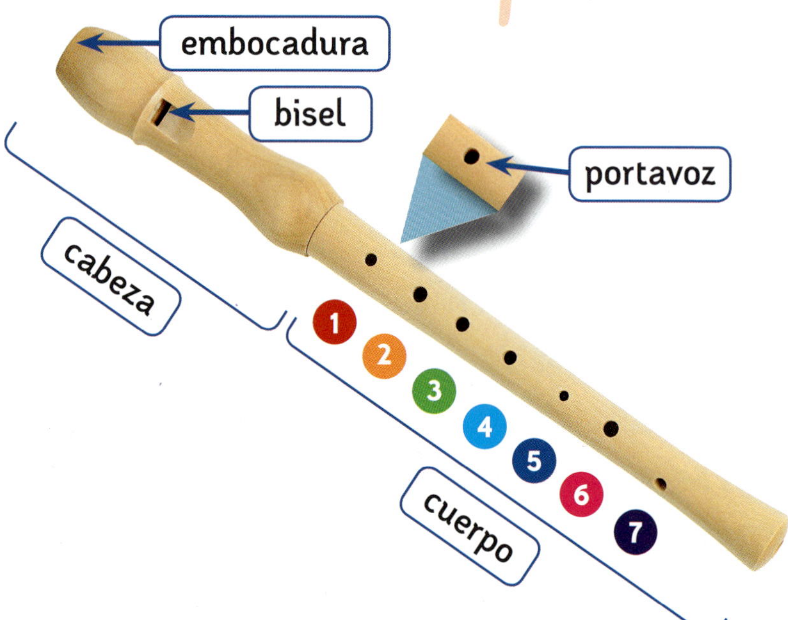

¡Así se hace!

- Siéntate en el extremo de la silla sin apoyarte en el respaldo.
- Mantén la espalda recta, la vista al frente y los pies bien firmes en el suelo.
- Los codos deben estar un poco separados del tronco.
- ¡No olvides mantenerte relajado!

2 Coge correctamente la flauta lo más rápido posible.

Flautistas equilibristas

1 Practica.

1. Apoya la flauta en el labio inferior y en el pulgar de la mano derecha.
2. Camina por la clase sin que se mueva la flauta de esa posición.
3. Mueve la cabeza hacia los lados y hacia arriba, acompañando tus movimientos con la flauta.

¡Así se hace!

Al soplar, susurra la sílaba «du» cada vez que hagas sonar tu flauta.

2 Sostén la flauta como has aprendido e interpreta.

Esta manguera está vieja

1 Recita y tapa los agujeros indicados. Mantén siempre tapado el portavoz.

4.1 y 4.2

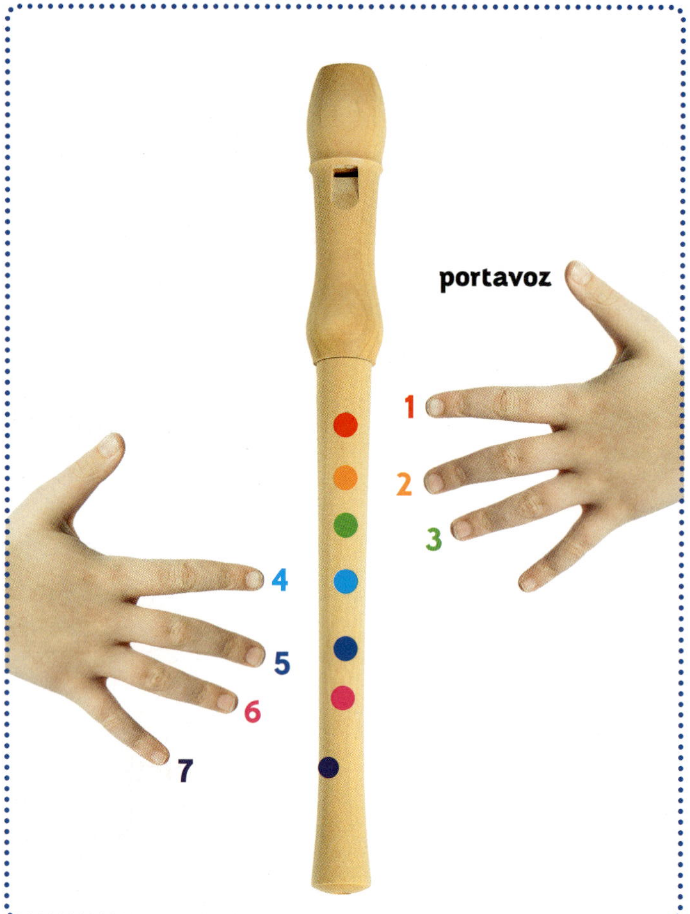

¡Así se hace!

Tapa bien los agujeros con la yema de los dedos.

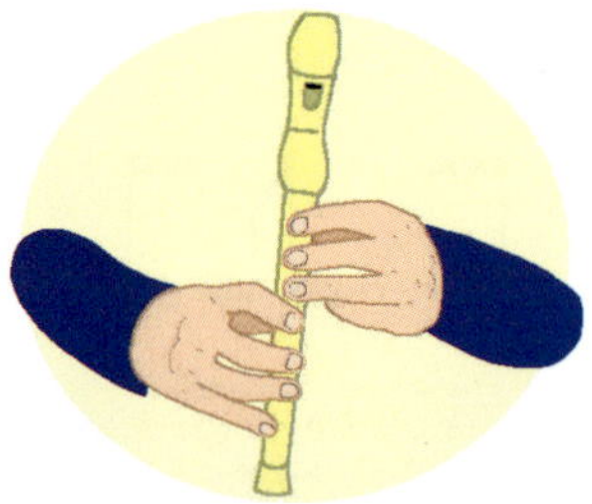

Ya está aquí la nota si

1 Practica.

1 

2 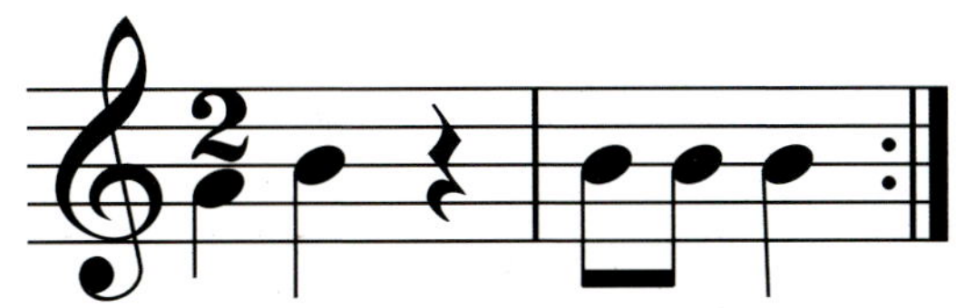

3 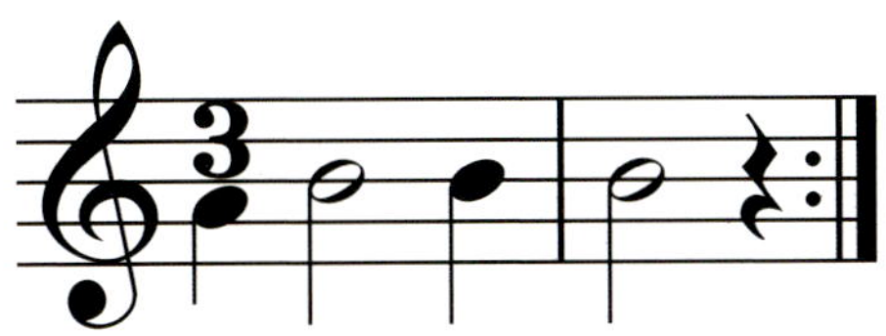

4 

5 

2 Crea e interpreta otros ritmos con la nota si.

3 Interpreta con tu profesor o profesora.

4.3 y 4.4

profesor alumnos

Andante

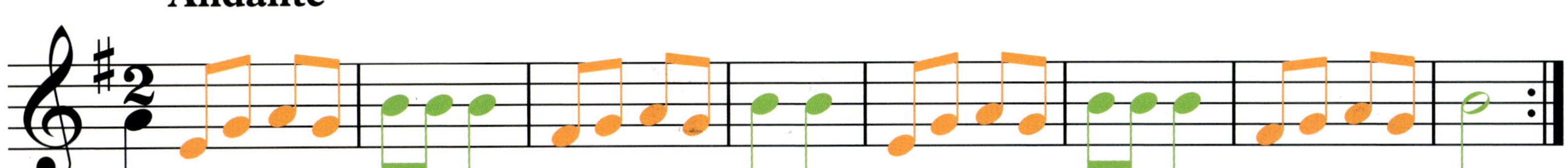

¡Así se hace!

Para tocar la **nota si** tapa el primer agujero y el portavoz.

¡Mírala! Es la nota la

1 Practica.

1 

2 

2 Interpreta en pareja.

pregunta respuesta

1 

2 

3 Interpreta con tu profesor o profesora.

4.5 y 4.6

alumnos profesor

Allegro

¡Así se hace!

Para tocar la **nota la** tapa los dos primeros agujeros y el portavoz.

Sopla con suavidad

¡Así se hace!

1

Inspira lentamente por la nariz llevando el aire hacia el estómago. ¡No levantes los hombros!

2

Sopla con suavidad por la embocadura. Imagina que mueves la llama de una vela sin apagarla.

1 Interpreta. Después, acompaña con el ritmo propuesto.

47 y 48

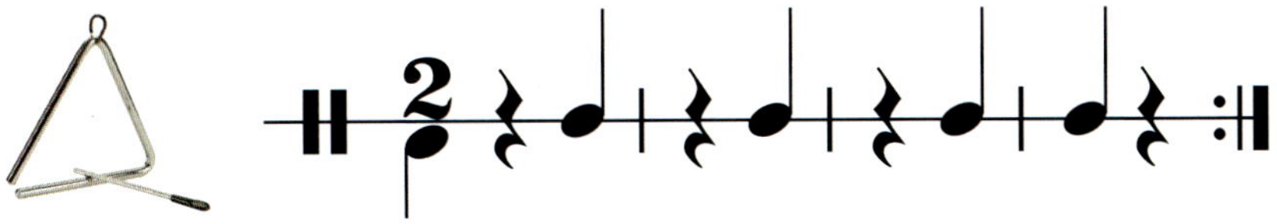

¡Atención! Aquí está la nota sol

1 Practica.

1 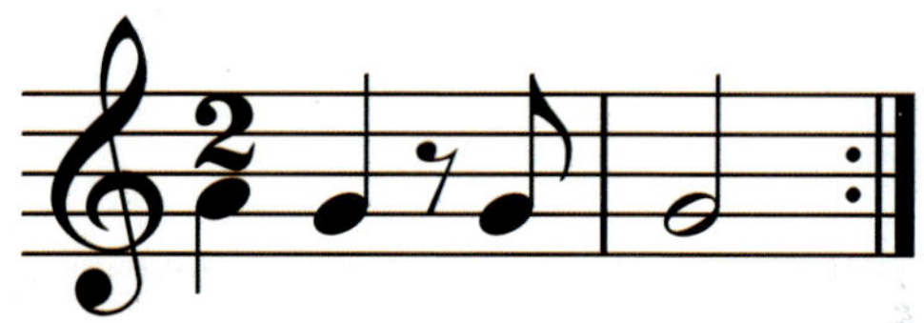

2 

2 Crea e interpreta otros ritmos con la nota sol.

3 Interpreta con tu profesor o profesora.

4.9 y 4.10

profesor alumnos

Andante

¡Así se hace!

Para tocar la **nota sol** tapa los tres primeros agujeros y el portavoz.

Cuida bien tu flauta

1 Interpreta en pareja.

pregunta

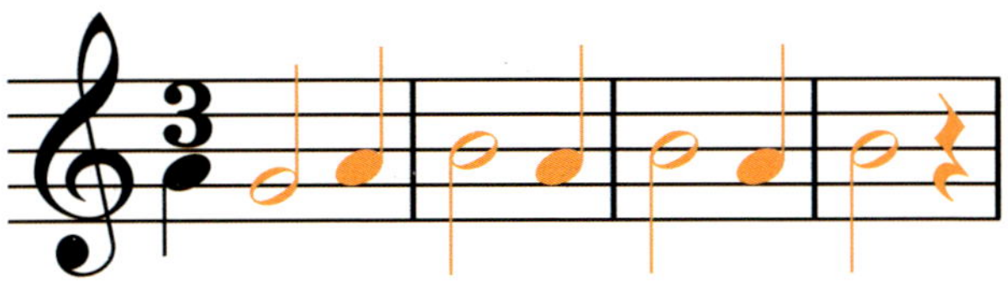

respuesta

¡Así se hace!

1 Si tu flauta tiene partes, ensámblalas con mucho cuidado.

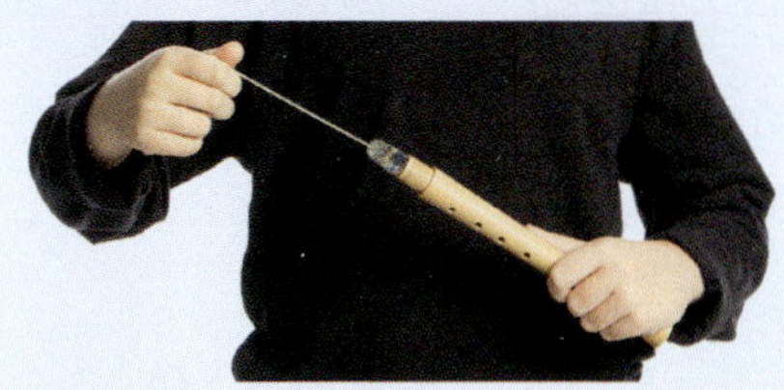

2 Cada vez que termines de tocar, limpia bien la flauta por dentro.

3 Guarda siempre la flauta en su funda y no dejes que se enfríe o se caliente demasiado.

2 Interpreta.

4.11 y 4.12

Allegro

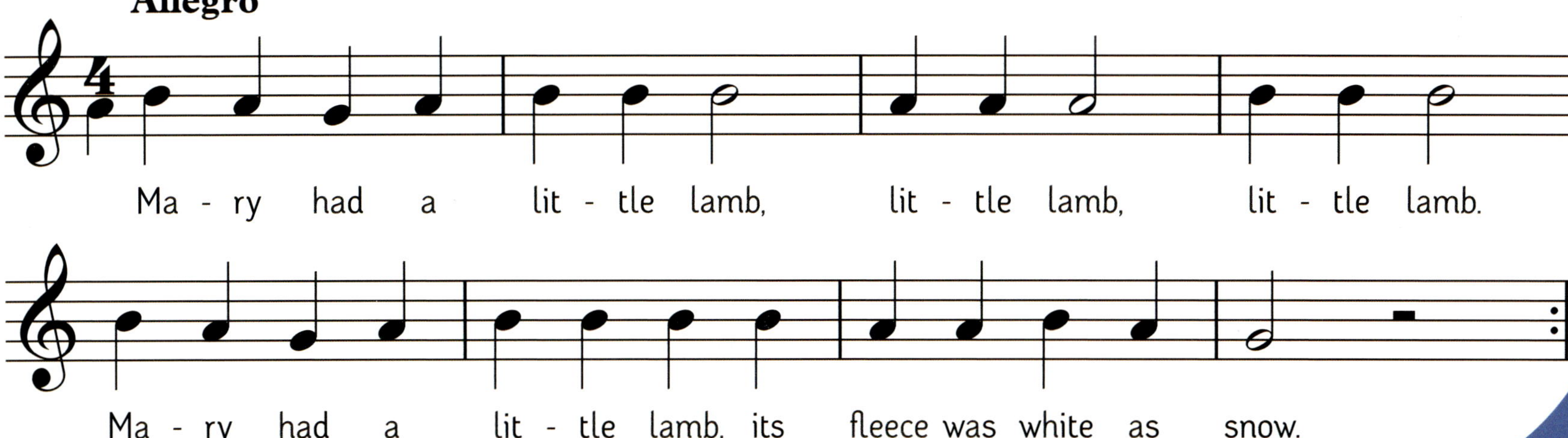

Si, la y sol, suena su canción

1 Interpreta.

4.13 y 4.14

Din, don, din, don, dan, las cam-pa-nas so-na-rán. Din, don, din, don, dan. Ya es-tá a-quí la Na-vi-dad.

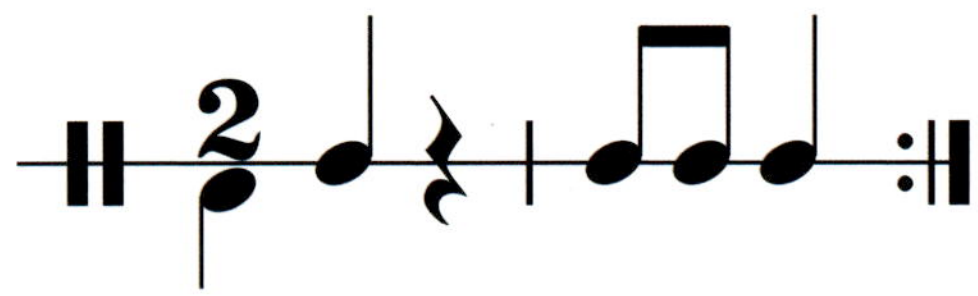

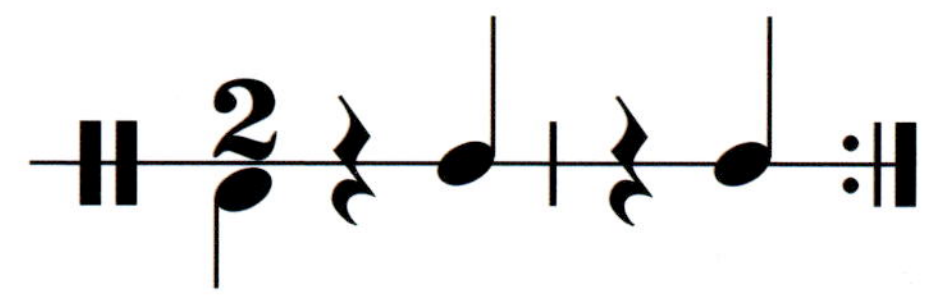

2 Interpreta.

4.15 y 4.16

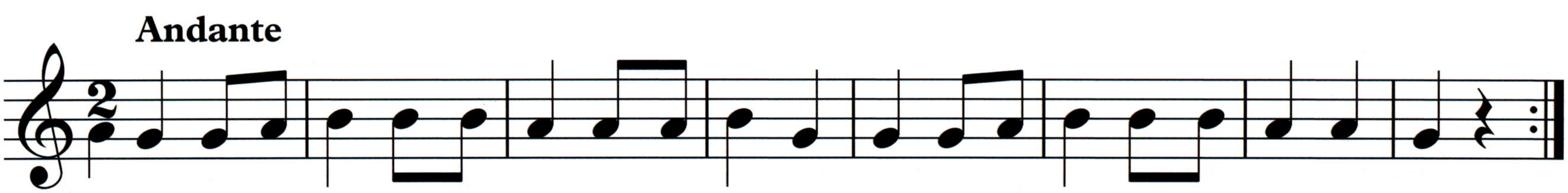

Con mi mar - ti - llo, mar - ti - llo, mar - ti - llo. Con mi mar - ti - llo, mar - ti - llo yo.
Con mi se - rru - cho, se - rru - cho, se - rru - cho. Con mi se - rru - cho, se - rru - cho yo.

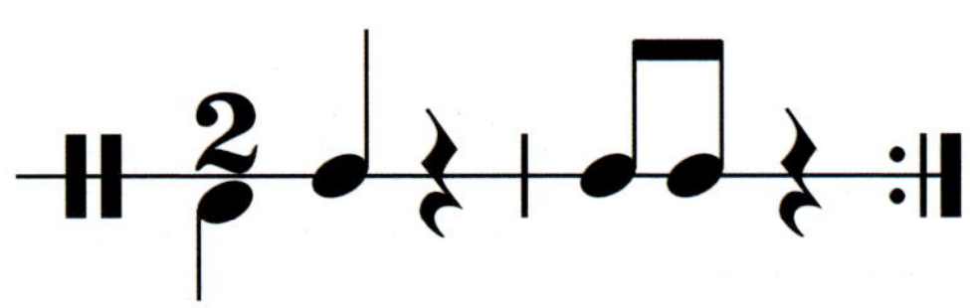

¡Relájate y respira!

1 Relaja los músculos de tu cara.

1 Haz que masticas enérgicamente un chicle tensando todos los músculos del cuello y de la cara. Luego, relájalos.

2 Imagina que una mosca se ha posado en tu nariz y quieres espantarla sin usar las manos. ¡Mueve los músculos de la cara! Luego, relájalos.

2 Interpreta con tu profesor o profesora.

4.17 y 4.18

profesor

alumnos

Ya llegó la nota do

1 Practica.

1

2

2 Interpreta en pareja.

3 Interpreta en canon.

4.19 y 4.20

¡Así se hace!

Para tocar la **nota do agudo** tapa el segundo agujero con el dedo corazón y el portavoz.

¡Toma aire!

1 Practica.

1 

2 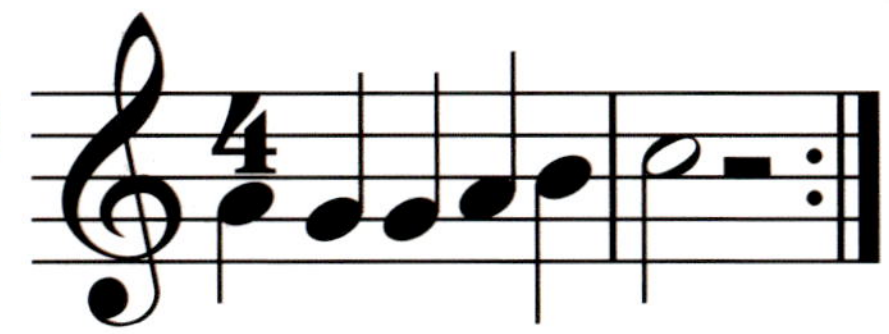

¡Así se hace!

En las partituras de flauta se utiliza el signo ’ para indicar cuándo se debe respirar si no hay un silencio para hacerlo.

2 Interpreta.

4.21 y 4.22

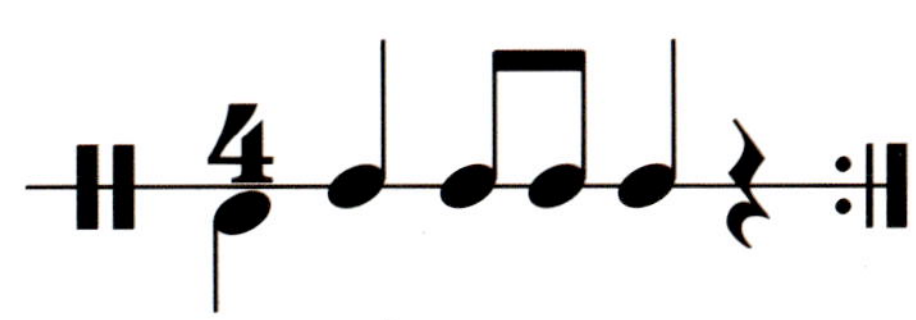

A dúo

1 Interpreta con tu profesor o profesora.

4.23 y 4.24

alumnos

profesor

2 Interpreta con tu profesor o profesora.

4.25 y 4.26

alumnos

profesor

Big, big world

1 Interpreta.

4.27 y 4.28

Dirección de arte: José Crespo.

Proyecto gráfico: Cristina Vergara.
Ilustración de portada: Kike Ibáñez.

Jefa de proyecto: Rosa Marín.
Coordinación de ilustración: Carlos Aguilera.
Jefe de desarrollo de proyecto: Javier Tejeda.
Desarrollo gráfico: Raúl de Andrés, Jorge Gómez y Patricia Tejeda.

Dirección técnica: Jorge Mira.

Coordinación técnica: Julio del Prado.
Confección y montaje: Victoria Lucas, Marisa Valbuena, Pedro Valencia y Javier Vegas.
Composición de partituras: Diana Valencia.
Corrección: Cristina Durán, Carolina Galera, Belén Izaguirre, Marta Rubio y Susana del Olmo.
Documentación y selección fotográfica: Rebeca Crespo.

Fotografía: A. Viñas; C. Contreras; J. Jaime/Francisco Arribas; J. Lucas; LIGHT HOUSE STUDIO; M. G. Vicente; P. Anca; 123RF; A. G. E. FOTOSTOCK/Tongro Image Stock, J. D. Dallet; DEPOSITPHOTOS/jackq; EFE/Manuel H. de León; GETTY IMAGES SALES SPAIN/Bob Rowan, gbh007, Gus Stewart, David Ramos, Thinkstock; ISTOCKPHOTO/Getty Images Sales Spain; Aguilar Mayor; BIBLIOTECA NACIONAL DE ESPAÑA/Laboratorio Biblioteca Nacional; Fundación Joaquín Díaz; REAL MUSICAL, MADRID; SERIDEC PHOTOIMAGENES CD; ARCHIVO SANTILLANA.

C/Rafael Beca Mateos, 3
41007 Sevilla

Printed in Spain

ISBN:978-84-9132-188-0
CP: 944697
Depósito Legal: M-38776-2018